Copyright do texto e das ilustrações © 2012 by Clavis Uitgeverij, Hasselt, Amsterdã

Publicado originalmente na Bélgica e na Holanda, em 2012, por Clavis Uitgeverij, Hasselt, Amsterdã.

Grafia atualizada segundo o Acordo Ortográfico da Língua Portuguesa de 1990, que entrou em vigor no Brasil em 2009.

Título original
GROTE UITVINDINGEN

Revisão
FÁTIMA COUTO

Revisão técnica
RAQUEL FUNARI, CONSULTORA EM HISTÓRIA

CIP-Brasil. Catalogação na Fonte
Sindicato Nacional dos Editores de Livros, RJ

D768g

    Douglas, Jozua
        Grandes invenções / Jozua Douglas ; ilustrações de Margot Senden ; tradução de Arthur Diego van der Geest. — 1ª ed. — São Paulo : Brinque-Book, 2015.

        Tradução de: Grote Uitvindingen.
        ISBN 978-85-7412-494-0

        1. Invenções — História. 2. Invenções — Literatura juvenil.
I. Senden, Margot. II. Geest, Arthur Diego van der. III. Título.

	CDD: 028.5
14-18729	CDU: 087.5

8ª reimpressão

Todos os direitos desta edição reservados à
BRINQUE-BOOK EDITORA DE LIVROS LTDA.
Rua Bandeira Paulista, 702, cj. 72C
04532-002 – São Paulo – SP – Brasil
☎ (11) 3707-3500
🔗 www.companhiadasletras.com.br/brinquebook
🔗 www.blogdaletrinhas.com.br
📘 /brinquebook
📷 @brinquebook

A marca FSC® é a garantia de que a madeira utilizada na fabricação do papel deste livro provém de florestas que foram gerenciadas de maneira ambientalmente correta, socialmente justa e economicamente viável, além de outras fontes de origem controlada.

Esta obra foi composta em Frutiger e impressa pela Gráfica Bartira em ofsete sobre papel Couché Matte da Suzano S.A. para a Editora Brinque-Book em abril de 2025

descobrindo a história

Grandes invenções

Jozua Douglas
Ilustrações de Margot Senden

Tradução: Arthur Diego van der Geest

BRINQUE·BOOK

Este é o João. Hoje ele vai dormir na casa dos avós.
O vovô é meio maluco. Ele faz bagunça enquanto come, por isso tem espaguete na barba.
— Não faça tanta bagunça à mesa — disse a vovó, rindo.
— Na Pré-História podia fazer meleca à vontade — resmungou o vovô. — Naquele tempo ainda não existiam copos, pratos, facas ou garfos. As pessoas comiam com as mãos.
João achou isso legal.

— Quando foi a Pré-História? — quis saber João.
— Foi há muito, muito, muito tempo — respondeu a vovó.
— Quando o vovô ainda era pequeno? — perguntou João.
— Não, mais tempo ainda. Mais de cem vovôs atrás. As pessoas viviam em cavernas e grutas — disse o vovô.
"Eles não tinham praticamente nada! Não tinham televisão, doces, futebol ou brinquedos. Isso não parece divertido", pensou João.

O QUE É UMA INVENÇÃO?

Devia ser chato quando não existiam muitos recursos. Imagine a vida sem ter uma casa ou roupas. É meio estranho brincar sem roupas, ainda mais no inverno. Se você não tivesse cama, dormiria no chão. E como você faria sem banheiro?

Por isso, as pessoas começaram a criar coisas, para deixar a vida mais fácil e mais confortável. Isso é inventar.

Várias invenções já são bem antigas, mas elas continuam sendo renovadas e melhoradas.

Dê uma olhada ao seu redor, em sua casa e na escola. Quantas invenções você vê? E o que você acha, será que o gato é uma invenção?

Você sabia que qualquer pessoa pode inventar alguma coisa? Uma brincadeira, uma nova língua ou um novo tipo de comida.

FOGO E ELETRICIDADE

A vida ficou muito melhor quando o fogo foi descoberto, pois ele fornece calor e luz. Com o fogo também podemos cozinhar comidinhas gostosas.

Você sabia que, no passado, todos os postes de iluminação eram acesos com uma chama?

Antigamente, as pessoas usavam pedras de sílex para fazer fogo. Se você bater uma contra a outra, saem faíscas. Uma grande fogueira começa com uma pequena faísca. Hoje em dia, usamos fósforos ou um isqueiro.

Thomas Edison

lâmpada

Há muito tempo não existiam lâmpadas elétricas. As pessoas produziam luz com o fogo.

tocha

vela

Se você está deitado na cama e no escuro, quando escuta um barulho estranho, é só acender a luz. Ainda bem que você só precisa apertar um botãozinho para isso. Até parece mágica!

Quem inventou a lâmpada incandescente foi Thomas Edison. Nessa lâmpada tem um fiozinho muito fino que começa a brilhar quando ele é acionado. Uma lâmpada incandescente funciona com eletricidade.

Em casas modernas podem ser encontrados vários aparelhos elétricos. Alguns funcionam com baterias, outros têm um cabo com um plugue que se conecta na tomada. Uma tomada fornece energia elétrica.

A RODA E OS VEÍCULOS

Você já teve de deslocar objetos pesados que mal consegue levantar? Nesse caso, uma carreta é muito útil. Ela consegue carregar de tudo, e, por causa das rodas, é fácil puxá-la ou empurrá-la.

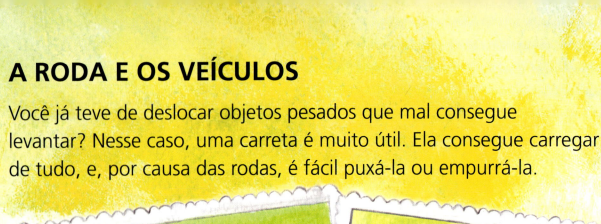

Quando ainda não existiam as rodas, era necessário empurrar, puxar e arrastar com muita força para conseguir mudar as coisas pesadas de lugar.

Então, uma pessoa muito esperta viu que era possível colocar uma coisa pesada sobre alguns troncos de árvore, podendo assim rolar a peça.

12

Esses troncos até que se parecem com rodas. Será que foi dessa forma que a roda foi inventada?

A roda talvez seja a melhor invenção de todos os tempos. Hoje em dia, existem muitas coisas com ela: bicicletas, carros, trens, caminhões, patins... Você conhece mais alguma?

Você sabia que, antigamente, as bicicletas tinham a roda da frente muito maior que a de trás?

A ESCRITA E OS LIVROS

Você gosta de livros? Na Pré-História, eles ainda não existiam, e ninguém sabia ler e escrever. Os pais e as mães não sabiam. Nem os avôs e as avós. Também não existiam professores e professoras.

Mas, mesmo assim, as pessoas contavam histórias umas para as outras, guardando-as na memória.

Você tem muitas histórias na sua memória? Às vezes, você pode se esquecer de alguma. Por isso, as pessoas aprenderam a escrever. Elas criaram letras com as quais foi possível formar palavras.

hieróglifos

Os antigos egípcios tinham caracteres muito especiais que, na verdade, eram pequenos desenhos.

Você sabia que os primeiros livros eram enrolados? Isso é o que chamamos de rolo de pergaminho.

varas de bambu

placas de argila

Gutenberg

rolo de pergaminho

Na Antiguidade não existia papel. As pessoas escreviam em pedaços de madeira, em folhas ou na argila, com um graveto. Alguns esculpiam letras em pedras. Isso sim é que são livros pesados!

Deste livro que você está lendo foram feitas muitas cópias idênticas. Assim, outras crianças também podem lê-lo ao mesmo tempo. Imagine se o escritor tivesse de escrever todos esses livros um por um. Seria trabalhoso demais! Ainda bem que Johannes Gutenberg inventou a imprensa, tornando possível a impressão de todas as letras e imagens de uma vez só no papel. O local onde isso acontece se chama gráfica.

MOTORES E MÁQUINAS

1. Você já sentou em uma carruagem puxada por cavalos? Ou já andou em um elefante? Quando ainda não existiam carros, as pessoas utilizavam animais para andar mais rápido ou com mais facilidade. Mas e se você quisesse ir ainda mais rápido? Nesse caso, você precisaria de um motor.

2. O primeiro motor era uma máquina a vapor muito barulhenta. Ela bufava, batia, chiava e assobiava. Com essa máquina a vapor era possível colocar qualquer veículo em movimento, como um trem ou um barco, por exemplo.

3. Um carro também tem um motor. O primeiro carro era muito diferente dos atuais. Ele parecia mais uma carruagem sem cavalos.

4.
Entretanto, já temos muitos veículos motorizados: aviões, trens, barcos, carros, caminhões...

Você tem de lavar a louça de vez em quando ou tem uma máquina que faz isso por você? As máquinas facilitam a nossa vida, fazendo o trabalho por nós. Existem máquinas que lavam a louça ou a roupa e outras que aparam a grama. Imagine ter de cortar a grama com uma tesourinha. Isso o manteria ocupado por um bom tempo!

TELEFONES E COMPUTADORES

Como contar uma história para alguém que está distante de você? Dá para fazer isso pelo telefone, por exemplo. E nem precisa gritar. Alexander Graham Bell foi o inventor do telefone.

Quando ainda não existiam telefones, as pessoas escreviam cartas. Às vezes, demorava semanas para uma carta chegar. Enviar uma carta hoje em dia é bem mais rápido. Algumas vezes, chega logo no dia seguinte.

É claro que também é possível enviar cartas pelo computador, tornando o processo ainda mais rápido. Esse tipo de correspondência é chamado de *e-mail*.

Graham Bell

Quando o avô do vovô era pequeno, ainda não existia televisão. E também não existiam computadores. As pessoas ouviam o rádio, faziam jogos ou liam livros. O que você faria se não tivesse televisão ou computador?

Marconi, o inventor do rádio

Você sabia que, antigamente, até mesmo os pássaros eram usados para enviar cartas? São os pombos-correio.

Você sabia que o primeiro computador era tão grande quanto um quarto? E ele só conseguia fazer contas! Ainda bem que os computadores estão cada vez menores e mais inteligentes.

CASAS

Nossas casas estão cheias de ótimas invenções. Da torneira sai a água. No vaso sanitário, tudo vai embora com a descarga. Se você ligar o aquecedor, a casa fica bem quentinha.

Antigamente, as casas eram bem diferentes. Essa era a casa do avô do vovô. Você percebe as diferenças?

O banheiro era do lado de fora. Era uma casinha pequena com um banquinho dentro. No banquinho, tinha um buraco com um baldinho embaixo, funcionando como uma espécie de penico.

Quando o avô do vovô era pequeno, a água era bombeada do chão ou utilizava-se um balde para retirá-la.

É possível fazer coisas incríveis com a eletricidade. Para ligar a televisão, basta apertar um botão. As casas de hoje têm muitos aparelhos e máquinas elétricas. Você sabe dizer quais são?

Antigamente, havia um fogão a lenha ou uma lareira, existentes ainda hoje em algumas casas.

ARRUMAR

1. — João, arrume o seu quarto! Que bagunça!

2. João suspira e tem uma ideia.

3. João junta várias coisas: canos, tábuas, rodas dentadas, réguas e cabos.

4. Ele constrói algo pregando as peças.

5. João, o que tanto você faz?
Estou arrumando.

6. Pouco tempo depois, está tudo pronto. "Agora eu nunca mais vou precisar arrumar meu quarto", pensa ele, satisfeito.

7.

8. – Mas como está arrumado aqui! – diz a mamãe.

9. – Obrigada, querida máquina de arrumação – ela lhe dá um beijinho e um sorvete.

10.

23

SOBRE O AUTOR

JOZUA DOUGLAS nasceu em 1977, em uma minúscula casa perto do dique de Groningen, na Holanda. Aparentemente, ele é descendente de um famoso cavaleiro que morava num castelo na Escócia. Quando criança, Jozua gostava de criar as próprias histórias, cujos protagonistas eram, de preferência, piratas, cavaleiros e astronautas. Após se formar em jornalismo e comunicação, ele se mudou para Utrecht, também na Holanda, onde vive e trabalha até hoje como escritor *freelance*.

SOBRE A ILUSTRADORA

MARGOT SENDEN nasceu e mora em Mechelen, na Bélgica, com suas duas filhas. Tem um interesse especial por astronomia, música, arte e literatura infantojuvenil. Ela trabalha como *designer* gráfica e sonha em se tornar um dia uma ilustradora famosa.

SOBRE O TRADUTOR

ARTHUR DIEGO VAN DER GEEST nasceu em Campinas, em 1991 e viveu seus primeiros quatro anos em Holambra (SP). Aos cinco, viajou com a família para a Holanda onde foi alfabetizado e frequentou os três primeiros anos do ensino fundamental. Aos 17 anos, ele foi para Sioux Lookout, no Canadá, onde concluiu o ensino médio. Se formou em geologia na Unicamp.

Leia também: